Die Schweinerakete

Text: Christian Bartel | Illustrationen: Franziska Ludwig

Leopold sitzt unter dem Apfelbaum
und grunzt den Mond an. Der sieht aus wie
eine riesige gelbe Runkelrübe, und Runkelrüben
mögen Schweine am allerliebsten.
»Ich möchte eine Rakete erfinden, zum Mond fliegen
und ihn anknabbern«, quiekt Leopold.
»Den Mond kann man nicht essen«, ruft seine Freundin Elaine.
Sie ist eine Eule und weiß alles besser. »Und Mondraketen
haben die Menschen schon erfunden. Schweine können
außerdem nicht gut erfinden«, weiß sie. »Man braucht
Köpfchen, um sich Erfindungen auszudenken
und Fingerspitzengefühl, um Erfindungen
zusammenzuschrauben.«

Leopold schaut auf seine Hufe. Damit kann man wirklich nicht gut schrauben. Aber Köpfchen hat er schon, findet Leopold. »Was soll ich auf dem Menschenmond?«, fragt er. »Der ist sicher keine Runkelrübe! Ich möchte mit einer Schweinerakete zum Schweinemond fliegen, und dazu brauche ich keine Fingerspitzen.«

10 9 8 7 6 5 4

3 2

1

Am nächsten Tag steht Leopold früh auf, um eine Schweinerakete zu erfinden. Er lässt das Frühstück ausfallen, obwohl es Rübenschnitze gibt. Leopold kriecht in ein leeres Fass und zählt von zehn bis null herunter, aber trotzdem hebt seine Schweinerakete nicht ab.

NULL!

Er lässt sogar das Mittagessen ausfallen, obwohl es Rübenschnitze gibt, um an seiner Erfindung zu tüfteln. Leopold springt so hoch er kann. Trotzdem landet er nicht im Weltall, sondern auf dem Misthaufen. Sogar das Abendessen lässt er ausfallen.

Aber jetzt hat Leopold
keine Ideen mehr. Traurig sitzt er
unter dem Apfelbaum.

»Du hattest recht«, grunzt er Elaine zu, die wie jeden Abend
auf ihrem Ast sitzt. »Schweine können nichts erfinden.
Uns fehlt das Fingerspitzengefühl.«
Die Eule seufzt. Hätte sie bloß ihren Schnabel gehalten.
Zum Glück ist Elaine eine Eule, die wirklich alles besser weiß.
Deswegen kennt sie sich sogar mit Schweineraketen aus.
»Du hast bloß etwas vergessen, das kann jedem Erfinder
passieren«, beruhigt sie Leopold. »Du brauchst eine
Abschussrampe. Ohne die kann keine Rakete starten.«

Elaine dirigiert Leopold zur Wippe im Garten.
Dort spielen tagsüber Kinder, aber jetzt stehen die
Schweine um das Gerät. Elaine brauchte sie gar nicht
lang überreden. Schweine sind sehr neugierig.
Wenn irgendwo eine Rakete gebaut wird, wollen sie auf
jeden Fall dabei sein.
»Außerdem brauchst du einen Helm«, ruft die Eule. »Ohne
Helm darf man keine Raketen fliegen.«

10 8 9 äh 9 8 7

5 oh 6 5 4 3 2 1

NULL!

Die Schweine stülpen Leopold einen Eimer über den Kopf.
»Bin ich gestartet? Ich kann den Mond schon schmecken!«,
schmatzt Leopold, weil noch Rübenschnitze im Eimer kleben.
»Noch nicht, aber du kannst jetzt herunterzählen«, ruft Elaine.
Auch wenn sich Leopold vor Aufregung oft verzählt, ruft er
irgendwann: »Null!«

Da springt der dicke Eberhardt auf die andere Seite der Wippe. In hohem Bogen wird Leopold in die Luft katapultiert. »Ich fliege durchs Weltall!«, quiekt er.

Elaine reißt die Augen auf und dreht den Kopf in alle Richtungen, kann Leopold aber nirgendwo entdecken. »Schuhu?«, ruft Elaine ins Dunkel, aber das ist nicht der Nachthimmel. Leopold ist der Eimer vom Kopf geflogen, und der ist auf Elaine gelandet.

Als die Eule herausgekrabbelt ist, sind die Schweine schon schlafen gegangen. Nur der Mond steht am Himmel wie eine riesige gelbe Runkelrübe.

Am nächsten Abend liegt Leopold
mit vollem Bauch unter dem Apfelbaum.
»Ich bin mit meiner Schweinerakete zum
Mond geflogen und habe ihn angeknabbert«,
grunzt er und zeigt auf den Mond.
Tatsächlich fehlt ein Stück.
»Das liegt daran, dass er abnimmt«, weiß es Elaine
besser, aber Leopold grinst. »Nicht der Schweinemond«, grunzt er und fängt an, von seinem
Mondabenteuer zu erzählen. Schweine sind
nämlich doch gute Erfinder.

Christian Bartel kommt aus Bonn und schreibt Geschichten für Kinder und Erwachsene, die meist lustig, aber immer komisch sind. Seine Geschichten für Kinder laufen oft im Radio, die für Erwachsene stehen eher in der Zeitung oder in Büchern. Oft liest er seine Sachen bei Lesebühnen vor, manchmal wird auch ein Theaterstück daraus. Er lebt mal auf dieser, mal auf jener Seite des Flusses, aber immer ganz gern am Rhein.

Franziska Ludwig wurde 1976 geboren. Seit vielen Jahren lebt sie mit ihrer Familie in der Nähe von Kiel. In Kiel hat sie auch Illustration studiert. Am liebsten zeichnet sie Tiere, Menschen und Fantasiewesen. In Geschichten für Kinder kommt eins davon zum Glück immer vor. www.franziskaludwig.de

Wortsport

AM CHRISTBAUM STECKEN TRICHTER.

ODER LICHTER?

GEGEN KÄLTE SCHÜTZT DEN EISBÄREN SEIN BETT.

ODER SEIN FETT?

AUS DEN SCHORNSTEINEN STEIGT LAUCH.

ODER RAUCH?

IM HERBST REGNET ES VIELE PFÜTZEN.

ODER MÜTZEN?

Text und Illustration: Stefanie Duckstein

Lebkuchenhochhaus

Text: Renus Berbig | Illustrationen: Christoph Kirsch

Es gibt Zeiten, da stapeln sich in den Schränken, Regalen und Schubladen der Leute die Süßigkeiten. Zum Beispiel an Weihnachten. „Das ist doch die Gelegenheit", sagt Nilüfer. „Überlegt mal, was da alles rumliegt: Lebkuchen, Plätzchen, Schokokugeln, Schaumwaffeln…" „Oooh", stöhnt Maxi sehnsüchtig.

„Dominosteine", zählt Nilüfer weiter auf, „Spekulatius,
Gummiengel – ey, wir holen uns von dem Zeug so viel
wir kriegen können. Und dann…"
„Stopfen wir uns die Bäuche voll!", jubelt Maxi.
„Nein", sagt Nilüfer, „doch nicht zum Essen!"
„Wozu denn sonst?", fragt Maxi.
„Zum Bauen", erklärt Nilüfer, „wir bauen uns
ein riesen Lebkuchenhaus."
„Cool!", freut sich Jooyeong.
Auch die anderen Kinder
sind begeistert.

Ein Lebkuchenhaus, das ist doch nur was für Hexen",
mault Maxi.
„Quatsch", sagt Lisa, „das kann jede bauen."
„Na, von mir aus", brummt Maxi, „und wie geht das?"
„Es wird einfach alles zusammengeklebt", weiß Saliou.
„Mit Puderzucker-Zement. Der wird mit Wasser angerührt."
„Wie praktisch!", freut sich Valeria.
„Ist das auch gut fürs Klima?",
fragt Lisa.

„Auf jeden Fall ist es wiederverwertbar",
überlegt Jooyeong. „Man kann es einfach aufessen."
„Das ist dann aber schlecht für die Zähne",
bemerkt Maxi.
„Erst mal bauen wir das Ding", beschließt Nilüfer.
„Und dafür brauchen wir viel Baumaterial.
Fragt eure Eltern, Omas, Opas, Tanten und Onkel.
Nehmt alles Süße, was ihr kriegen könnt."
„Kein Problem", meint Maxi, „wir haben Berge
von Lebkuchen zu Hause."
„Bei uns gibt's immer nur Lakritze", brummt Lisa.
„Du musst die ja nicht essen", sagt Valeria.
„Also abgemacht, morgen treffen wir uns hier
wieder." Nilüfer haut auf den Tisch. „Das wird
das Grundstück!"

Am nächsten Tag türmt sich dort
das Baumaterial.

Saliou rührt in einer Schüssel.

„Wer braucht Zement?", ruft er. „Hier kommt
der Zementmischer!"

„Hierher", winkt Nilüfer und setzt zwei Lebkuchen
aufeinander. „Du wirst unser Süßitekt."

„Das heißt Architekt", verbessert sie Valeria.

„Neehe, wir bauen doch ein Süßigkeitenhaus",
verteidigt sich Nilüfer.

„Cool Leute", sagt Saliou, „jeder baut,
was er will."

„Jja", freut sich Lisa, „ich baue eine
Hundehütte!"

„Dann bau ich einen Hühnerstall!",
ruft Maxi.

Die anderen bauen zusammen das Haus.

„Hey, die Hundehütte wird ja größer als
das Haus", beschwert sich Jooyeong.

„Ihr müsst eben auch größer denken",
sagt Lisa.

Und das machen sie dann.

Am Ende steht da ein richtiges Lebkuchen-
hochhaus mit einem Landeplatz für
Hubschrauber, Hexen und Weihnachtsschlitten.
Den Hühnerstall und die Hundehütte, die haben
sie schon verputzt.

Renus Berbig lebt in Berlin und München. Er schreibt Geschichten und Hörspiele fürs Radio, wo er ein geheimnisvolles Doppelleben als Sonntagshuhn führt. Außerdem sind von ihm mehrere Kinder- bücher erschienen, zuletzt das Bilderbuch »Tapetentier & Holzvogel« im Tulipan Verlag.

Christoph Kirsch, geboren 1971, gewann mit 7 Jahren einen Mal- wettbewerb bei Burger King und durfte ein Jahr lang umsonst dort essen. Schon damals erkannte er, dass er vom Zeichnen leben wollte. Seit 2002 lebt und arbeitet er als freier Illustrator in Barcelona. www.christophkirsch.eu

Die Welt in Schwarz-Weiß

Text: Gundi Herget | Illustrationen: Sabine Wiemers

F rüher«, hat meine große Schwester Maia gesagt,
»früher war die Welt ganz schwarz-weiß.
Wusstest du das?«
Das wusste ich nicht. Und ich hab's auch nicht geglaubt.

Sie hat ein dickes Album aus dem Keller geholt, in dem Fotos von Uroma und Uropa drin sind.

Als ich noch kleiner war, hat Papa sie mir mal gezeigt und mir erklärt, wer unsere Vorfahren sind.

Von der Schwarz-Weiß-Welt hat er aber nichts gesagt.

Jetzt schlug Maia das Album auf und blätterte
durch die vordersten Seiten. »Schau«, sagte sie,
»alles schwarz-weiß.«
Das stimmte! Sogar das Hochzeitsbild!
»Aber die Uroma hat bestimmt ein weißes Kleid getragen«,
habe ich gesagt. »Und der Uropa einen schwarzen Anzug.
Deshalb ist das so.«

Aber Matei, schau doch mal hin, auch der Brautstrauß ist schwarz-weiß und die Gesichter und alles.

Da hatte Maia auch wieder recht.

Dann hat sie unseren Computer eingeschaltet und mir
Filme von früher gezeigt, Dick und Doof und so.
Die hatten auch alle keine Farben. Das fand ich dann doch
merkwürdig. Vielleicht stimmte es wirklich.
Ich habe mir vorgestellt, wie das war, die Welt ohne Farben.

An der Ampel war es richtig gefährlich!

Damals gab es aber noch nicht so viele Autos.

»Und Erdbeereis war ... grau!« Ich habe mich geschüttelt.

Maia hat ganz ernst genickt. »Bloß gut, dass wir im bunten Zeitalter leben, was?« Das fand ich auch.

Ich wollte dann aber genau wissen, wie es in der
Schwarz-Weiß-Zeit gewesen ist und habe das ausprobiert.
Ich habe nur noch weiße Nudeln ohne Tomatensoße
gegessen und nur noch mit schwarzen und weißen
Legosteinen gebaut.

In der Schule habe ich meine einzige schwarze Hose und
ein weißes T-Shirt angezogen und nur noch mit schwarzem
Stift auf weißem Papier gemalt.

Am Ende der Woche hat Papa vom Einkaufen Buntstifte
für mich mitgebracht.
»Oh, danke, eigentlich hab ich noch welche«, habe ich gesagt.
Papa hat die Stirn gerunzelt. »Wie, du hast noch welche?
Deine Lehrerin hat mir extra eine Mail geschrieben:
›Matei braucht neue Stifte, er malt immer nur in Schwarz.‹ «
»Ach so«, habe ich gesagt und Papa erklärt, dass ich bloß
herausfinden wollte, wie es damals in der
Schwarz-Weiß-Zeit gewesen ist.
Da hat Papa gelacht und
»eine interessante Idee!«
gesagt.

Ruf Tante Vera an.
Die war mal Fotografin und kann
dir sicher alles genauer erklären.

33

Tante Vera ist eigentlich Papas Tante und meine Großtante
und schon ziemlich alt. Aber noch nicht so alt, dass
sie in der Schwarz-Weiß-Zeit geboren worden wäre.
Tante Vera hat sich richtig gut ausgekannt.

Jetzt weiß ich, es ist was Technisches, und es geht so:
Wenn man ein Foto macht, fällt vorne Licht in die
Kamera. Ein bisschen wie beim Auge, wo auch vorne
Licht hineinfällt, und hinten auf der Netzhaut entsteht
das Bild.

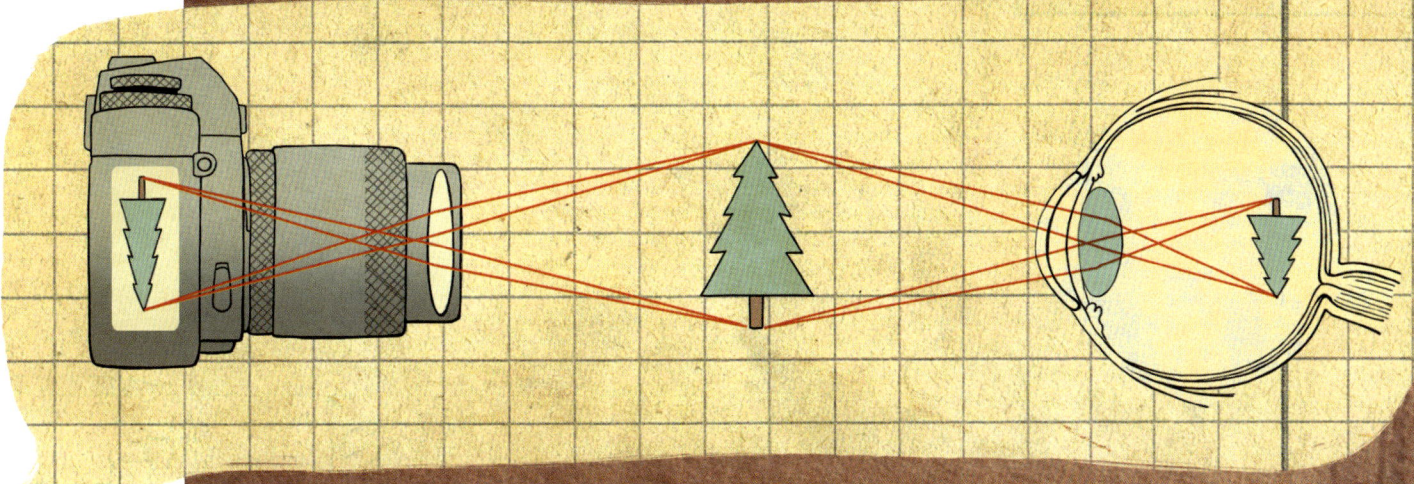

Bei Kameras entsteht das Bild, indem das Licht innen
drin festgehalten wird. Dafür waren in Kameras früher
Filmrollen, das waren Plastikstreifen mit einer chemischen
Schicht drauf. Ganz früher konnte die Schicht aber keine
Farben festhalten, sondern nur hell und dunkel.

Deshalb waren Fotos und Filme
früher immer schwarz-weiß.
Die Welt selber aber war immer bunt!

Meine Schwester
hat mich nur auf
den Arm genommen.
Typisch!

Später hat Maia meine neuen Buntstifte gesehen und
wollte sich welche nehmen. Ich hab ihr aber keine gegeben.
»Ich brauche die alle«, habe ich erklärt.
»Quatsch, wieso denn?«
Ich habe gegrinst. »Na, falls nochmal eine Schwarz-Weiß-Zeit kommt!

Dann kann ich alles bunt anmalen!

Gundi Herget beschlich mit vier Jahren zum ersten Mal das Gefühl, dass die schwarzen Striche, Punkte und Kringel auf Papier das Aufregendste sein könnten, was es gibt. Und so war es dann auch. Als Selberlesen allein nicht mehr reichte, fing sie auch mit Selber-Schreiben an. Am liebsten für Kinder. www.gundiherget.de

Sabine Wiemers wurde 1965 in Mönchengladbach geboren und studierte Visuelle Kommunikation an der Fachhochschule Düsseldorf. Seither arbeitet sie als freie Illustratorin für verschiedene Verlage. Sie hat neben zahlreichen Bilder- und Kinderbüchern auch viele »Lachgeschichten« für »Die Sendung mit der Maus« illustriert. www.sabinewiemers.myportfolio.com

Die Lochkamera

Li-La-bor

Versuche für kluge Köpfe. Von der Stiftung Kinder forschen.

Fast Zauberei: Bau Dir Deine eigene Lochkamera aus einer leeren Dose und lass die Welt kopfstehen. Du brauchst nur eine Dose, Transparentpapier und etwas Bastelzubehör.

Eine leere Blechdose,
z. B. Kaffeedose

Nagel und Hammer

transparentes Papier,
z.B. Butterbrotpapier

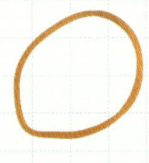

Gummiband

einen schwarzen Pulli

Losforschen:

Schlag mit Hammer und Nagel ein Loch in den Boden der Dose. Das ist deine »Lochlinse«.

Spanne das Transparentpapier über die Dosenöffnung und fixiere es mit dem Gummiband. Das ist deine »Mattscheibe«.

Jetzt brauchst du eine »Dunkelkammer«, sonst kannst du das Bild auf der Mattscheibe nicht erkennen. Nimm den Pulli und stecke die Dose so in den Ärmel oder in den Halsausschnitt, dass die Lochlinse vorne herausschaut.

⚠ Dosen können scharfe Ränder haben, und für den Umgang mit Nagel und Hammer braucht man etwas Übung. Achte darauf, dass du dich nicht verletzt und lass dir von einem erwachsenen Menschen helfen.

Fotos: Y. K.

FORSCHERTIPPS:

1. Das Bild wird umso besser, je weniger Streulicht im Inneren der Loch-Kamera reflektiert wird. Male das Innere der Dose schwarz an oder beklebe sie mit schwarzem Papier.

2. Die Lochlinse soll kreisrund und etwa 3–4 mm groß sein. Wenn sie zu groß oder zu unrund geworden ist, kannst du sie „flicken": Klebe ein kleines Stück Alufolie darüber und stich hier ein neues Loch hinein.

3. Der Abstand zwischen Lochlinse und Mattscheibe bestimmt, wie hell und scharf das Bild ist. Probiere Dosen in unterschiedlichen Größen aus.

Stecke dann deinen Kopf ebenfalls in den Pulli, so dass du die Mattscheibe sehen kannst. Alles außer der Lochlinse muss abgedunkelt sein. Richte die Lochkamera jetzt auf ein helles Fenster. Kannst du ein Bild davon auf deiner Mattscheibe sehen? Schau genau hin: Du siehst das Fenster über Kopf und spiegelverkehrt. Wenn sich jemand davorstellt, erkennst du das ganz deutlich.

Was passiert da?

Durch das kleine Loch fällt Licht in die Dose und trifft auf deine „Mattscheibe". Lichtstrahlen, die von oben kommen, landen am unteren Teil der Mattscheibe und umgekehrt. Das gleiche passiert mit den Seiten: Licht von rechts trifft auf die linke Seite der Mattscheibe und umgekehrt. Deshalb siehst du das Bild auf dem Kopf und spiegelverkehrt. Da das Mattscheiben-Bild nicht sehr hell ist, musst du das Umgebungslicht abschirmen: Dazu dient die Pulli-Dunkelkammer.

STIFTUNG KINDER FORSCHEN

Online-Spiele von der **Stiftung Kinder forschen** findest du auf www.meine-forscherwelt.de.
Für Eltern: Die gemeinnützige Stiftung Kinder forschen engagiert sich für gute frühe Bildung in den Bereichen Mathematik, Informatik, Naturwissenschaften und Technik (MINT) und nachhaltiges Handeln. www.stiftung-kinder-forschen.de

HALIMA UND BEN und die Kartonwerkstatt

Halima und **Ben** sind beste Freunde. Sie sind zusammen in einer Kitagruppe. In dieser Woche ist etwas Tolles passiert: Schuhhaus Wend hat alle leeren Schuhkartons in der Kita abgegeben. Was man damit alles bauen und erfinden kann! Kannst du Halima und Ben entdecken? Und wo ist denn die **Maske**, die Ben gestaltet hat?

FARBE

SCHEREN KLEBE

PAPIER

Text und Illustration: Katja Mensing

Lesespaß
für ein ganzes Jahr!

1x schenken, 6x freuen! Ein ganzes Jahr voll mit bunten Geschichten, Gedichten, Sprachspielen und Mitmachseiten! Im Gecko-Onlineshop kannst Du das **Gecko-Geschenkabo** ganz einfach bestellen. Der oder die Beschenkte bekommt Gecko ein Jahr lang direkt in den Briefkasten geliefert. Das Geschenkabo endet automatisch! Eine Geschenkurkunde zum Ausdrucken gibt es zum Herunterladen dazu. Das Beste: Mit dem Gutscheincode »GESCHENK« schenkt Gecko Dir **10% Rabatt auf Dein Geschenkabo!**

www.shop.gecko-kinderzeitschrift.de

Text und Illustration: Bettina Bexte

Nur einer der drei Vorschläge ist richtig. Welcher?

Die Auflösung findest du auf Seite 50.

jemanden an die Wand
quatschen

Mach mit! Kennst du noch
mehr Tunwörter, die mit qu anfangen?

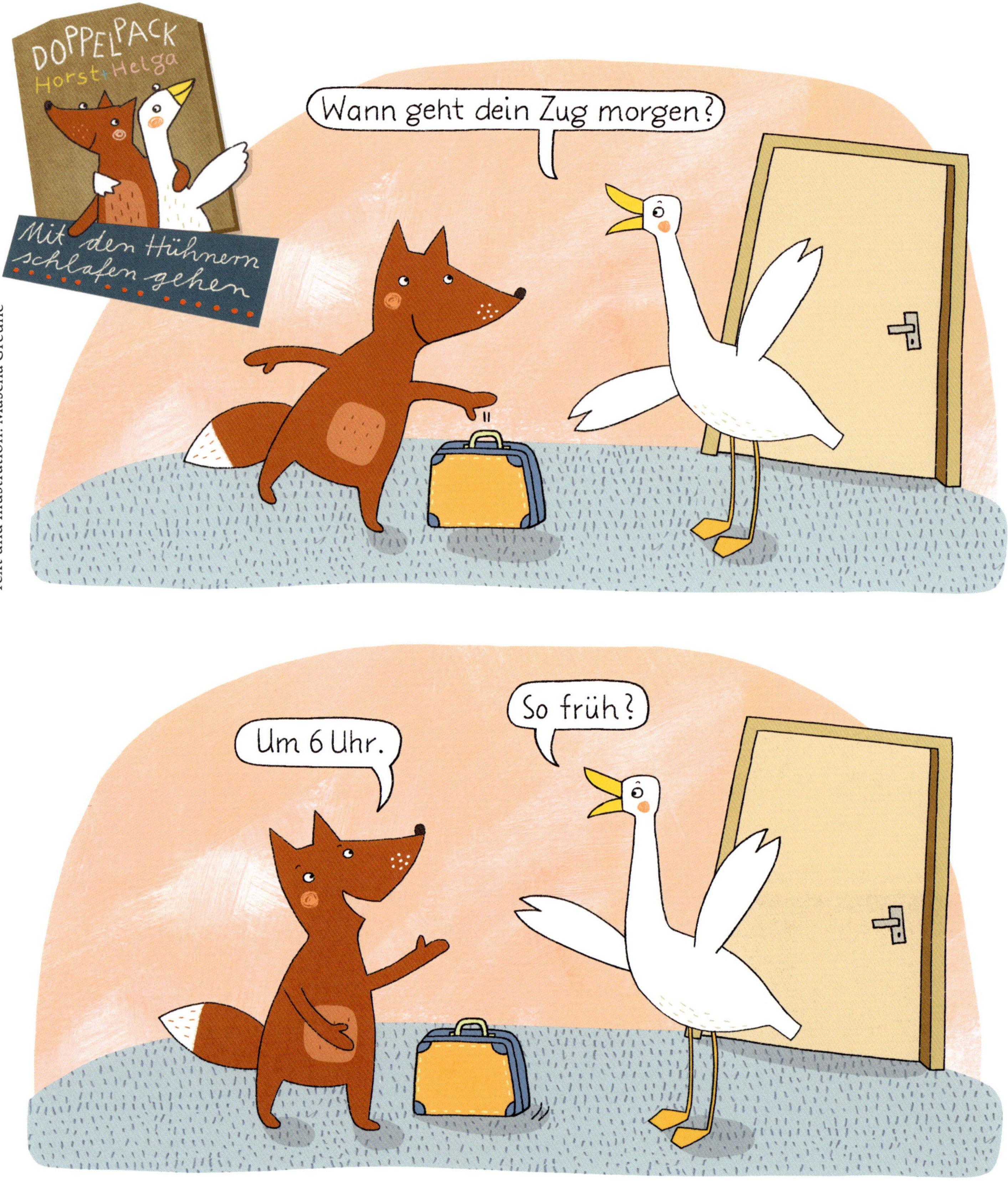

Text und Illustration: Mascha Greune

Horst und Helga gibt es nur im Doppelpack. Sie sind beste Freunde! Auch wenn es oft Missverständnisse gibt. Auch Redewendungen haben oft zwei Bedeutungen. Welcher Ausdruck ist ist es diesmal?

Text: Arne Rautenberg | Illustration: Jens Rassmus

besonderes pralinchen

es war mal ein kaninchen
befreundet mit nem bienchen
die arbeiteten jeden tag
zusammen an maschinchen

kaninchen machte klappklappklapp
das bienchen machte sappsappsapp
maschinchen machte ratatat
heraus kamen pralinchen

heraus kamen pralinchen
heraus kamen pralinchen
heraus kamen pralinchen
(in einem war'n rosinchen)

Dieses Gedicht stammt aus dem Gedichtband »rotkäppchen fliegt rakete«
von Arne Rautenberg mit Illustrationen von Jens Rassmus (Peter Hammer Verlag)

Gecko kommt gern zu dir nach Haus!

Gecko lesen macht im Abo am meisten Spaß. Alle 2 Monate landet die neueste Ausgabe in deinem Brief-kasten. Einfach die Postkarte ausfüllen, ausschneiden, abschicken und sich drauf freuen!

Gecko abonnieren

○ **Ja, ich bestelle ein Gecko-Jahresabonnement** zum Preis von € 45,00 für 6 Ausgaben pro Jahr. Den Bezug kann ich jederzeit beenden.

○ **Ja, ich möchte ein 3-Hefte-Schnupperabo** für insgesamt € 22,50. Bestelle ich Gecko zwei Wochen nach Erhalt des dritten Heftes nicht ab, beziehe ich Gecko weiter zum Abo-Preis von € 45,00 für 6 Ausgaben pro Jahr. Den Bezug kann ich jederzeit beenden.

○ **Ja, ich möchte ein Gecko-Abonnement verschenken.** Der oder die Beschenkte erhält Gecko 6x zum Abo-Preis von € 45,00. Nach sechs Ausgaben endet der Bezug des Geschenkabos automatisch. Bitte vermerken Sie die Lieferadresse auf der Rück-seite dieser Karte.

○ **Ja, ich möchte ein Mini-Geschenkabo.** Der oder die Beschenkte erhält Gecko 3x zum Abo-Preis von € 22,50. Nach drei Ausgaben endet der Bezug des Geschenkabos automatisch. Bitte vermerken Sie die Lieferadresse auf der Rückseite dieser Karte.

Alle Preise beinhalten MwSt. und Versand.

Sie möchten Gecko ins Ausland bestellen oder haben Fragen? Den Gecko-Leserservice erreichen Sie unter:
Telefon +49 (0) 89-85 85 35 32
E-Mail: abo@gecko-kinderzeitschrift.de

○ **Ich zahle gegen Rechnung (bitte Rechnung abwarten)**

○ **Ich zahle bequem per SEPA-Lastschrift:** Rathje & Elbel GbR, München, Gläubiger-Identifikationsnummer: DE59ZZZ00001113146
SEPA-Lastschriftmandat: Ich ermächtige Rathje & Elbel GbR, Zahlungen von meinem Konto mittels Lastschrift einzuziehen. Zugleich weise ich mein Kreditinstitut an, die von Rathje & Elbel GbR auf mein Konto gezogenen Lastschriften einzulösen. Hinweis: Ich kann innerhalb von acht Wochen, beginnend mit dem Belastungsdatum, die Erstattung des belasteten Be-trages verlangen. Es gelten dabei die mit meinem Kreditinstitut vereinbarten Bedingungen.

```
Kontoinhaber

IBAN

Name des Kreditinstituts / BIC

Ort, Datum, Unterschrift
```

Diese Bestellung kann ich innerhalb von 10 Tagen schriftlich (per Post oder E-Mail) widerrufen. Zur Fristeinhaltung genügt die Absendung des Widerrufs innerhalb der 10 Tage (Poststempel bzw E-Mail-Versand). Diese Angebote gelten nur in Deutschland und Österreich. Weitere Auslandspreise erhalten Sie auf Anfrage bei unserem Leserservice: Telefon +49 (0)89-85 85 35 32,
E-Mail: abo@gecko-kinderzeitschrift.de Rathje & Elbel GbR, Camerloherstraße 40, 80686 München.
Unsere Datenschutzerklärung finden Sie unter www.gecko-kinderzeitschrift.de/datenschutz/

Ich habe Gecko kennengelernt über:

○ Buchhandlung   ○ Presse   ○ Internet   ○ _____
○ Arztpraxis   ○ Freunde   ○ Kindergarten   ○ Bibliothek

Gecko weiterempfehlen

✗ Der neue Abonnent

○ **Ja, ich bestelle ein Gecko-Jahresabonnement** zum Preis von € 45,00 für 6 Ausgaben pro Jahr. Den Bezug kann ich nach Erhalt der sechsten Ausgabe jederzeit beenden.

○ **Ja, ich verschenke ein Gecko-Abonnement** zum Preis von € 45,00. Nach sechs Ausgaben endet der Bezug des Geschenk-Abonnements automatisch.

✗ Der Empfänger des Posters:

○ **Ich habe einen neuen Gecko-Abonnenten geworben und erhalte das ABC-Poster.**

```
Name, Vorname des Werbers

Straße, Hausnummer

PLZ, Ort

Telefon                    E-Mail-Adresse
```

```
Name, Vorname des Kindes          Geburtsdatum

Name, Vorname des Bestellers

Straße, Hausnummer

PLZ, Ort                          Land

E-Mail-Adresse                    Telefon
```

Versandadresse bei Geschenkabos:

```
Name, Vorname des Beschenkten     Geburtsdatum

Straße, Hausnummer

PLZ, Ort                          Land
```

Das Abo beginnt mit der jeweils aktuellen Ausgabe. Der neue Abonnent und der Empfänger des Posters dürfen nicht identisch sein. Die Zusendung des Posters erfolgt nach Eingang der Zahlung des neuen Abonnenten. Sie müssen nicht selbst Abonnent sein, um einen neuen Abonnenten zu empfehlen. Dieses Angebot gilt nur, solange der Vorrat reicht.
Auslandsangebote auf Anfrage.

Ist die Postkarte schon weg?

Macht nichts, denn das Gecko-Jahresabo, das Geschenkabo, das Schnupperabo und das Prämienabo bekommst du auch im Gecko-Onlineshop (www.gecko-kinderzeitschrift.de/shop) und beim Gecko-Leserservice: Telefon +49 (0) 89-85 85 35 32, Telefax +49 (0) 89-85 85 36 25 32, E-Mail: abo@gecko-kinderzeitschrift.de

Bitte ausfüllen:

_____
Name, Vorname des Kindes   **Geburtsdatum**

_____
Name, Vorname des Bestellers

_____
Straße, Hausnummer

_____
PLZ, Ort   **Land**

_____
E-Mail-Adresse   **Telefon**

Versandadresse bei Geschenkabos:

_____
Name, Vorname des Beschenkten   **Geburtsdatum**

_____
Straße, Hausnummer

_____
PLZ, Ort   **Land**

Antwort

Cover Service GmbH & Co. KG
Aboservice Gecko Kinderzeitschrift
Bajuwarenring 14
82041 Oberhaching

Bitte ausfüllen (neuer Abonnent):

○ **Ich zahle gegen Rechnung (bitte Rechnung abwarten)**

○ **Ich zahle bequem per SEPA-Lastschrift:** Rathje & Elbel GbR, München, Gläubiger-Identifikationsnummer: DE59ZZZ00001113146.
SEPA-Lastschriftmandat: Ich ermächtige Rathje & Elbel GbR, Zahlungen von meinem Konto mittels Lastschrift einzuziehen. Zugleich weise ich mein Kreditinstitut an, die von Rathje & Elbel GbR auf mein Konto gezogenen Lastschriften einzulösen. Hinweis: Ich kann innerhalb von acht Wochen, beginnend mit dem Belastungsdatum, die Erstattung des belasteten Betrages verlangen. Es gelten dabei die mit meinem Kreditinstitut vereinbarten Bedingungen.

_____
Kontoinhaber

_____
IBAN

_____
Name des Kreditinstituts / BIC

_____
Ort, Datum, Unterschrift

Diese Bestellung kann ich innerhalb von 10 Tagen schriftlich (per Post oder E-Mail) widerrufen. Zur Fristeinhaltung genügt die Absendung des Widerrufs innerhalb der 10 Tage (Poststempel bzw. E-Mail-Versand). Diese Angebote gelten nur in Deutschland und Österreich. Weitere Auslandspreise erhalten Sie auf Anfrage bei unserem Leserservice, Telefon +49 (0)89-85 85 35 32, E-Mail: abo@gecko-kinderzeitschrift.de Rathje & Elbel GbR, Camerloherstraße 40, 80686 München.
Unsere Datenschutzerklärung finden Sie unter www.gecko-kinderzeitschrift.de/datenschutz/

Antwort

Cover Service GmbH & Co. KG
Aboservice Gecko Kinderzeitschrift
Bajuwarenring 14
82041 Oberhaching

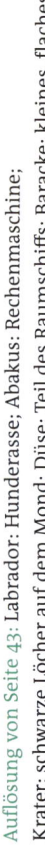

Auflösung von Seite 43: Labrador: Hunderasse; Abakus: Rechenmaschine; Krater: schwarze Löcher auf dem Mond; Düse: Teil des Raumschiffs; Baracke: kleines, flaches Haus.